असरार

अमन सिकरवार

Copyright © Aman Sikarwar
All Rights Reserved.

This book has been published with all efforts taken to make the material error-free after the consent of the author. However, the author and the publisher do not assume and hereby disclaim any liability to any party for any loss, damage, or disruption caused by errors or omissions, whether such errors or omissions result from negligence, accident, or any other cause.

While every effort has been made to avoid any mistake or omission, this publication is being sold on the condition and understanding that neither the author nor the publishers or printers would be liable in any manner to any person by reason of any mistake or omission in this publication or for any action taken or omitted to be taken or advice rendered or accepted on the basis of this work. For any defect in printing or binding the publishers will be liable only to replace the defective copy by another copy of this work then available.

क्रम-सूची

प्रस्तावना v

1. मुझको तेरी आदत थी । 1
2. तेरी बातें 2
3. गाँव मेरा तालाब सा 3
4. क्या मैं भी एक कवि हूँ ? 4
5. "काश ! जो हम जल से हो जाते " 6
6. हाँ! वहीं मेरा घर है । 7
7. घात 8
8. मतलब 9
9. ' ये कहाँ आ गए हम ' 10
10. मन मंथन 12
11. डेवलपमेंट 13
12. ढलती यादें 14
13. ' वो ':- जीवन साथी 17
14. सौंदर्य, संघर्ष 18
15. "प्रकृति" 19
16. आजाद 20
17. त्राण 22
18. इंतज़ार 23
19. एक उम्र 24
20. मुग्धता 25
21. अब हमारा हाल ऐसा है । 26

क्रम-सूची

22. हाय ये मित्रता	27
23. मिराज	28
24. किस्से	29
25. शायर बन बैठा हूँ।	30
26. हवा सी बहती जिंदगी	31
27. बेहतर	32
28. गुण - अवगुण	33
29. बेरंग	34
30. वो रात	35
31. झूठी कसमें	36
32. इश्क़	37
33. भावना	38
34. उम्मीद	39
35. मर्यादा	40
36. प्रार्थना	41
37. वक़्त	42
38. घात	43
39. ढलती यादें	44

प्रस्तावना

हे प्रिये!
ये काव्य तुम्हें समर्पित है ,
जीवन का अनुराग तुम्हें समर्पित है ।।

1. मुझको तेरी आदत थी ।

मुझको तेरी आदत थी ।
मुझको तुझसा मिराज दिखाना ,
ये खुदा की रंजिश थी , या धोका था ।
पर तेरे यूँ ही जाने पर ,
इस दिल ने तुझको रोका था ।।
ना मैं कोई आशिक़ था ,
ना मुझको तेरी चाहत थी ।
ना तू मेरा ख्वाब थी ,
ना मेरी कोई इबादत थी ।।
शायद उस एक पल के मिलने मैं ,
कुदरत की कोई साज़िश थी ।
फिर भी तेरे जाने पर यूँ लगा ,
जैसे मुझको तेरी आदत थी ।।
:-अमन

2. तेरी बातें

तेरी बातें
इस दुनिया की बातें भाषण थी ,
बस तेरी बातें ग़ज़लें थी ।
तू एक फूलों की बगिया थी ,
बाकी सब उजड़ी फसलें थी ।
तेरे सूट दुपट्टे में ,
जैसे सीता की पहचान थी ।
और जीन्स टॉप वाली लड़कियां ,
सब रावण की संतान थी ।।
:-अमन

3. गाँव मेरा तालाब सा

गाँव मेरा तालाब सा
वो गाँव मेरा तालाब सा ,
ये शहर नदी का पानी है ।
गाँव में तो सब सजीव थे ,
यहाँ प्राण हीन सा प्राणी है ।।
मेरा सारा गाँव था परिवार सा ,
सबसे रिश्ते नाते थे ।
ना शर्म रूपी बेशर्मी थी ,
हम घरों में यूँही घुस जाते थे ।।
गाँव में तो सब बेटी - बहनें हैं ,
ना उनसे बतलाने से डरते हैं ।
शहर की चलती फिरती बालाओं पर ,
भूखे जीव से मरते हैं ।।
हाँ , हम अपने गाँव में ,
बुजुर्गों की लाख गालियां सहते हैं ।
शहर में हमको कोई एक कहे तो ,
हम चार उसको कहते हैं ।।
क्या इस लिये हम शहरों में रहते हैं ।
:- अमन

4. क्या मैं भी एक कवि हूँ ?

क्या मैं भी एक कवि हूँ ?
मेरे पास शब्दों का अंबार नहीं ,
अपना एक संसार है ।
कवियों के कवित्त से ,
मुझको भी प्यार है ।।
शायद मेरा इसमें भविष्य नहीं ,
फिर भी मुझको एक आस है ।
मैं भी कुछ लिख सकता हूँ ,
ये तो मन में साहस है ।।
ये साहित्य मेरा वस्त्र है ,
ये कलम मेरा अस्त्र है ।
हाँ मैं भी कुछ लिख सकता हूँ ,
मन अति क्षतिग्रस्त है ।।
हाँ , मेरी भी अपनी एक कहानी है ,
कुछ नई तो कुछ पुरानी है ।
एक पल का बचपन था ,
दो पल की ये जवानी है ।।
अभी तो मैं जन्मा भी नहीं ,
फिर क्यों श्मशान दिखाते हो ।
हम जैसे लोगों के हाथों ,

अपना अपमान करते हो ।।
तुलसी , चंद्र , वंश सा ,
ना मैं कभी था , ना मैं अभी हूँ ।
हाँ , फिर भी कह सकता हूँ ,
कि मैं भी एक कवि हूँ ।।
:-अमन

5. "काश ! जो हम जल से हो जाते"

"काश ! जो हम जल से हो जाते"
काश ! जो ये रिश्ते जल से हो जाते ,
क्रोध में शीतल हो जम जाते ।
हृदय सबके कठोर बर्फ बन जाते ,
किन्तु ! जब प्रेम ऊष्मा मिलती
तो सब फिर से मिल जाते ।
काश !................................
काश ! जो हम जल से हो जाते ,
पाषाण फैंकते जो लोग हमपर ,
वे कष्ट हमें दे न पाते ,
काश ! जो हम जल से हो जाते ,
तो ये सब हँसते - हँसते सह जाते ।।
काश !...................................
काश ! जो छात्र भी जल से हो जाते ,
तो जीवन जीना सीख जाते ।
ठोकरे खाते हुए पहाड़ - प्रपातों से ,
स्वयं राह बनाना सीख जाते ।।
काश ! ....
:- अमन

6. हाँ! वहीं मेरा घर है ।

हाँ! वहीं मेरा घर है ।
रास्ते तो बहुत हैं ,
बस चलने का डर है ।
आज जहाँ मैं नहीं ,
हाँ ! वहीं मेरा घर है ।।
लोग भी बहुत हैं ,
बस अपनों की फिक्र है ।
कुछ लोगों की जुबां पर ,
बस मेरा ही जिक्र है ।।
हाँ! वहीं मेरा घर है ......
यार भी बहुत थे ,
बस यारी का डर था ।
अगर उधम मचाया ,
तो पापा का जूता और मेरा सिर था ।
हाँ ! वहीं मेरा घर था ....
:-अमन

7. घात

घात
जिसके प्रति परिसुद्ध थे हम ,
उसने ऐसा घात किया ।
मौन हो उस क्षण तब ,
स्वयं ही पश्चयताप किया ।।
:- अमन

8. मतलब

मतलब
वो समझते मतलब की बातें ,
नहीं मतलब उनको बातों से ।
आँखें बंद हैं दिन मैं जिनकी ,
क्या मतलब उनको रातों से ।।
कितना समर्थ हिय था उनका ,
   जो करे क्रीड़ा जज्बातों से ।
   जो पीयूष था जीवन में ,
उसे नष्ट किया इन हाथों से ।
   अब सैयम टूट रहा ,
     इन आघातों से ।।
वो समझते मतलब की बातें ,
नहीं मतलब उनको बातों से ।
          :-अमन

9. ' ये कहाँ आ गए हम '

' ये कहाँ आ गए हम '
नंगे पांव चलते-चलते ,
शाम का सूरज ढलने से पहले ,
न जाने कहाँ आ गए हम ।।
हर गाँव- हर शहर ,
हर गली - हर डगर ।
इन राहों से बेखबर ,
चलता रहा में दिनभर ।।
बड़ा असहज था ये सफर ,
थी हर मोड़ पर यही खबर ।
यहाँ बेटियाँ नहीं सुरक्षित ,
इंसानियत से लगता है डर ।।
नंगे पाँव चलते- चलते ,
शाम का सूरज ढलते ढलते ,
न जाने कहाँ आ गए हम ।।
ये भूमि है उनकी ,
जिनके नाम तक हैं अमर ।
ऐसे अरुण थे वे ,
जिनके विचार भी हैं नश्वर ।।
नंगे पाँव चलते चलते ,

अमन सिकरवार

शाम का सूरज ढलते ढलते.........
:- अमन

10. मन मंथन

मन मंथन
आज फिर मन मंथन कर लो ,
थोड़ा सा चिंतन कर लो ।
अब ना शिव है ,
ना विष्णु है ,
ना मंदार पर ,
वो सर्प वासुकी ,
ना देवों सी शक्ति है ,
ना दानवों से साहसी ।।
तब देवों ने दानवों का साथ पाया ,
तो माना उसमें उनका स्वार्थ था ।
परंतु उस मंथन के पश्च्यात ,
हर कोई कृतार्थ था ।।
ये मंथन कोई एक नहीं कर सकता ,
मात्र ' वसुधैव कुटुम्बकम ' से ये जग तर सकता ।।
आज कौन है जो ,
ये मंथन कर पायेगा ।
जीव कल्याण के लिए ,
जो ये विष धारण कर पायेगा ।।
:- अमन

11. डेवलपमेंट

डेवलपमेंट
आज कुछ इस क़दर बढ़ा ये भ्रष्टाचार ,
' डेवलपमेंट' बोल बोलकर ,
नेताजी का हो गया बेड़ा पार ।
अब क्या ?
नेता जी पैसा कमाएंगे ,
अपनी आमंदनी बढ़ाएंगे ।
पूर्वज कह गए ,
सब अपने बांट का खाते हैं ।
पर उन लोगों का क्या ,
जो देश में भूखे रह जाते हैं ।।
वे लोग कितने दानी हैं ,
जो अपना बांट - नेता जी को
दान कर जाते हैं ।
उदर - ईमान इनका इतना ख़ाली है ,
ये उनका भी रक्तपान कर जाते हैं ।।
ये शोषण तो कुछ नहीं ,
पाँच साल बाद नेता जी द्वारों पर
फिरसे आ जाते हैं ।
लोगों के 'रक्त' की कीमत
एक बोतल से लगा जाते हैं ।।
:- अमन

12. ढलती यादें

ढलती यादें
आज डर लगता है
इस सवेरे से ,
उम्र के इस ढलते
अंधेरे से ।
सुबह उठते ही लगता है
जिंदगी न जाने कहाँ खो गयी ,
फिर एक शाम को
जिंदगी फिर सो गई ।।
जीया है मैंने
सिर्फ बचपन को ,
समझा है मैंने
इस योवन को ।
देखते देखते वो जवानी
चली गयी ,
सोचते - सोचते वो ,
यारों की कहानी चली गयी ।।
याद आयी है
बचपन की वो ' गर्लफ्रैंड' ,
याद आये हैं
यारों के वो 'फ्रेंडशिप बैंड' ।
हमारी हरक़तों से वो

परेशान हुए थे ' टीचर ',
इन यारों की यारी ने
हमको भी बना दिया था 'चीटर' ।।
आज जिंदगी में हम खो गए हैं ,
याद करके बचपन को यूँ ही ,
छतों पर बैठे रो रहे हैं ।
काश ! कल फिरसे
हो वो सवेरा ,
सुबह तो हो ,
पर हो थोड़ा अंधेरा ।
उन नींद भारी आँखों में हो
सपनों का बसेरा ,
और वो स्कूल के लिए
तैयार करता माँ का चेहरा ।।
काश ! फिरसे हो

वो शोर शराबा ।
जब क्लास मैं आकर
सर ने मारा ।।
आज फिर एक और
सूरज ढल रहा है ,
यादों का दीपक
जल रहा है ।
बचपन याद करते करते

असरार

मैं फिर से रो गया ,
आज 'अमन' फिर से
यादें समेटकर सो गया ।।
:- अमन

13. ' वो ':- जीवन साथी

' वो ':- जीवन साथी
जब तक जीवन में प्रकाश है ,
'वो' मेरे साथ है ,
अंधकार में
अपनों के साथ उसका भी छूटा हाथ है ।।
परिभाषाएं बदल रही हैं ,
जीवन की आशाएं बदल रही हैं ।
सब पीछे छूट चले ,
'वो' अब भी साथ चल रही है ।।
जीवन भर हम साथ चले ,
आज जब प्राण मेरे अर्थी पर धरे ।
निर्जीव हुआ में , जीवित है वो ,
मगर आज है मुझसे परे ।।
उसका नहीं कोई स्वयं रूप ,
वो मेरा ही है स्वरूप ।
उसने ही जीवन विद्या सिखाई है ,
'वो' कोई और नहीं मेरी ही परछाई है ।।
:- अमन

14. सौंदर्य, संघर्ष

सौंदर्य

ऐ हिंदुस्तान मेरी जान मेरे वतन ,
तेरे गुलशन के गुलों ने यहाँ सजाया है 'अमन' ।
तेरे उत्तर में जो तेरा ये आँचल है ,
तेरी आँखों में सजता वो कारगिल काजल है ।
तेरे इस नूर की दुनिया कायल है ,
तेरी शोहरत से हुए बैरी घायल हैं ।।
ऐ हिंदुस्तान मेरी जान मेरे वतन ,
तेरे सर पर सजता है वो कश्मीर चमन ।।
(संघर्ष)
जो खेले थे बचपन में तेरे खेतों में ,
आज बैठे हैं उड़ते रेतों में ।
जो कूदे से तेरी नहरों में ,
आज खड़े हैं सागर की लहरों में ।।
वे खड़े हैं सरहद पे बांधे सर पे कफन ,
किया दुश्मन का तेरे बेटों ने दमन ।
हर रोज़ देते हैं वे तिरंगे को तन ,
उन वीरों ने किया है तुझको चमन ।।
ऐ हिंदुस्तान मेरी जान मेरे वतन ,
तेरे गुलशन के गुलों ने यहाँ सजाया है अमन ।।
:- अमन

15. "प्रकृति"

"प्रकृति"
प्रकृति , प्रकृति से कुछ कहती है ,
नभ आँचल में ,
अरण्य हिमाचल में
काल समान यह बहती है ।।
यहाँ जब वृक्ष सूर्य ताप सहते हैं ,
तब धीरे से ये मेघ ,
पक्षियों से कुछ कहते हैं
फिर सभी को ये जीव संदेश देते हैं ।।
भादों का गया पतझड़ ,
फिर मेघों का सावन आया ,
अंत अब इस अकाल का
इन काले घनो में छाया ।।
ये देखकर सभी वृक्ष ,
मंद मंद मुस्काते हैं ,
इस पल का अभिनंदन करते हुए
वायु संग झुक जाते हैं ।।
भू धरा के आंचल में ,
बादल जब बरस जाते हैं ,
प्रफुल्लित होकर ये वृक्ष
हवा संग खुद बादल बन बरस जाते हैं ।।
:- अमन

16. आजाद

आजाद
आज सब कहते हैं ,
ये जीवन दुखमय है ।
नवजीवन नवस्वराज से पूछो ,
ये जीवन कितना सुखमय है ।।
जब उठी थी आजादी की प्रचंड वेग ,
जिसमे वे दे गए शीश अनेक ।
हर मन में , हर तन में एक नई रवानी थी ,
उनसे पूछो कितनी सुखमय , उनकी ये जवानी थी ।।
जब रखा साख पर ,
हिंदुस्तान का सम्मान था ।
तब इस देश के लिए ,
बच्चा बच्चा कुर्बान था ।।
उन अमर शहीदों से पूछो ,
कितना सुखमय वो बलिदान था ।
जिसकी वजह से इस राष्ट्र को ,
मिला ये जीवन दान था ।।
आजाद हो गए थे वो ,
आजादी से पहले ही ।
हर सुख वो ले गए ,
समय से पहले ही ।।
आज लोग कहते हैं ,

अमन सिकरवार

ये जीवन दुःखमय है ।
उन आजाद ,भगत ,सुखदेव से पूछो ,
ये जीवन कितना सुखमय है ।।
:- अमन

17. त्राण

त्राण
रूप सौंदर्य देखकर चले तुम उनके साथ ,
आज थामा है , कल छूट जाएगा हाथ ।
जानो स्वयं की सुंदरता को ,
करो स्वयं से प्यार ।
छोड़ दो साथ औरों का ,
मतलब का संसार ।।
सतयुग में था वो राम का आत्म त्राण ,
तब पुत्रवियोग में दशरथ के निकले थे प्राण ।
द्वापर में गोपियों के प्रेम यक्ष थे कान्हा ,
स्वयं देवों ने पाठ पढ़ाया ये वेदों ने माना ।।
न सौंदर्य श्रेष्ठ है , न कुरूप अनिष्ट है ,
परंतु मनस्तिथि में बना ये कष्ट है ।
मनुष्य बना क्षुदार्थ जननी से कृतार्थ है ,
मन वृत्त से भरा कृत स्वार्थ है ।।
:- अमन

18. इंतज़ार

इंतज़ार

हम उम्र भर किसी के हो न सके ,
मेरा इंतज़ार कल्पनाशील प्रिये ।
कभी तुम शाम , मैं सुबह हुआ ,
समय अंतराल दीर्घ प्रिये ।।
मैं रोज़ देखता जाते सूर्य की लालिमा ,
नैन छलकते देख अस्त कल्पना ।
मैं अंधेरों में फिरसे स्वप्न सजाता हूँ ,
कल्पनाओं का वितान देख स्वयं ही मुस्काता हूँ ।।
हर क्षण तुमसे नेह हुआ ,
हो चला सिथिल देह मेरा ।
तुम वीणा की वाणी हो ,
मैं कर्कश ढोल नाद प्रिये ।।
अब यादें तुम्हारी नज़्म हुई ,
मन की पीड़ा न हज़म हुई ।
मैं बालक सा परस्पर प्रेम लिए ,
तुम कितनी कठोर ह्रदय प्रिये ।।
मेरा इंतज़ार कल्पनाशील प्रिये।।

:-अमन

19. एक उम्र

एक उम्र
वो सूखे गुलाब रहते हैं ,
किताबों के खजाने में ।
मेरी एक उम्र बीती,
तुझे बताने मैं ।।
मैं कब हुआ रुखसत तुझसे ,
मुझे पता भी न चला ।
जरा सी आंख जो लग गई ,
मेरी अनजाने में ।।
:- अमन

20. मुग्धता

मुग्धता
मैं कहता था खुद को कवि ,
वो कवियत्री बड़ी निराली थी ।
मेरी थकी पड़ी थी कलम कहीं,
वो नैनों से कवित्त रचने वाली थी ।
वो कवियत्री बड़ी निराली थी ।।
मुझे दिनकर भी सिथिल लगे ,
वो ऐसा तेज रखने वाली थी ।
उसके नुपूर की छम्म छम्म भी ,
ग्रंथ रचने वाली थी ।
वो लेखिका बड़ी निराली थी ।।
मैंने स्वयं को जीता था , अब मैं स्वयं से हार गया ,
उसकी मीठी वाणी पर , अपना सबकुछ वार गया ।
उसके कण्ठ की मृदुलता ,
मति को हरने वाली थी ।
वो गायिका बड़ी निराली थी ।।
उसके उदरों की लालिमा ,
कलियों का मान धरने वाली थी ।
उसके रूपलावन्य की वितानता ,
प्रकृति का व्याख्यान करने वाली थी ।
वो नायिका बड़ी निराली थी ।।
:- अमन ✍?

21. अब हमारा हाल ऐसा है ।

अब हमारा हाल ऐसा है ।
अब हमारा हाल ऐसा है ,
खबर नहीं उसका हाल कैसा है ।
डर लगता है याद करने से उसे ,
वो मेरा ख्याल ऐसा है।।
उसका कोई जवाब नहीं ,
ये मेरा सवाल कैसा है ।
कोई खबर न आई उसकी ,
न जाने ये साल कैसा है ।।
अब हमारा हाल ऐसा है ,
खबर नहीं उसका हाल कैसा है।।
उसे भी याद आती होगी मेरी ,
मन मैं ये भरम कैसा है ।
चाहा तो है मुद्दतों से उसे ,
पर ये तगाफुल कैसा है ।।
अब हमारा हाल ऐसा है ।।

:-अमन

22. हाय ये मित्रता

हाय ये मित्रता
मैं गूंगा बहरा सा लड़का था ,
उसकी हर बात कहानी थी ।
मैं कई जन्मो का प्यासा था ,
वो लड़की पानी जैसी थी ।
मैं हस्ता की वो हस्ती थी ,
उसकी बात बात में मस्ती थी ।
यहां मित्रता मोलरहित रही ,
बस प्रेम भावना सस्ती थी ।।
मैं कहता तो क्या कहता ,
"हम घनिष्ट रहे बचपन से ,
मुझे प्रेम हुआ इस योवन से । "
पर सब कहकर भी अरुचि हो जाती जीवन से ।।
मेरे दो क्षण के जीवन मैं ,
मुझे ज्ञान मिला है जन्मों का ।
वो रहे जीवन का भागमात्र ही ,
वो फल है मेरे कर्मों का ।। (हाय ये अन्तर्मन)
:- अमन

23. मिराज

मिराज
उसे तपते रेगिस्तान का मिराज कहूँ ,
या कहूँ आंख का धोका सा ।
वो गर्म लू की लपटों में ,
एक ठंडी हवा का झोंका सा ।।
:- अमन ✍?

24. किस्से

किस्से
किस्से एकतरफा इश्क़ के ,
कम नहीं होते ,
कहीं सुना तो नहीं ऐसा इश्क़ ,
जहाँ ग़म नहीं होते ।।
:-अमन

25. शायर बन बैठा हूँ ।

शायर बन बैठा हूँ ।
इस दुनिया से अकुलाया ,
शायर बन बैठा हूँ ।
व्यथा सुनने कान नहीं थे ,
हर्फ़ मैं किससे कहता ।
मूक होकर मैं ,
अब सारा किस्सा कहता ।।
इस दुनिया से अकुलाया ,
शायर बन बैठा हूँ ।
अब कहने सुनने को बात नहीं ,
खुद से अपनी बातें करता हूँ ।
पीर उठे जो मन में ,
एक नज़्म खुद पर लिख लेता हूँ ।।
इस दुनिया से अकुलाया ,
शायर बन बैठा हूँ ।।
:- अमन

26. हवा सी बहती जिंदगी

हवा सी बहती जिंदगी
इस हवा सी बहती जिंदगी में ,
एक हवा ऐसी बन जाओ ।
छोड़ो दुनिया दारी को ,
तुम भी ऑक्सीजन बन जाओ ।।
:-अमन

27. बेहतर

बेहतर
उसके होने से बेहतर थे,
न होने से बेहतरीन ।।
:-अमन

28. गुण - अवगुण

गुण - अवगुण
तुझमें ना कोई अवगुण देखा ,
ना कोई गुण की सीमा राखी ।
मैं अपना सबकुछ तुझपे वार दूँ ,
ना रहे मेरा मुझमें , कुछ भी बाकी ।।
:-अमन

29. बेरंग

बेरंग

सतरंगी है वो रंग ,
जिसका कोई रंग नहीं ।
मेरी यादें हैं सबके पास ,
पर मेरे कोई संग नहीं ।।
:- अमन

30. वो रात

वो रात

कल कुछ इस क़दर गुज़री रात ,
आंखें न खुली मेरी , और रोया सारी रात ।
अब याद करूँ , तो क्या करूँ ,
बीती बातें बीत गयी ,
बस बातों तक थी बात ।।

31. झूठी कसमें

झूठी कसमें
बार - बार हाँ वही बात ,
क्यूँ कसमें झूठी खाते हो ।
नफ़रत है जिन बातों से ,
क्यों उन्हें दोहराते हो ।।
हम जानकर सब , अंजान से ,
सबकुछ भुलाये बैठे हैं ।
तुम हमें गलत कहो ,
तब भी कुछ ना कहते हैं ।।
:-अमन

32. इश्क़

इश्क़

इश्क़ किया है ,
खुले आम होने दो ।
हम बर्बाद हो रहे हैं ,
हमें बर्बाद होने दो ।।
:-अमन

33. भावना

भावना

जब रत हुआ में रात में ,
अनुरत हुआ एक बात में ,
तब खुदसे खुद में झांककर ,
मुझे आज ये बोध हुआ ,
मुझे प्रणय है उसके चित्त से ,
नहीं प्रवण में उसके गात में ।।
:-अमन

34. उम्मीद

उम्मीद
अब हम छोड़ चुके हैं वो उम्मीदें ,
जिन उम्मीदों की उम्मीद नहीं ।
अब दूसरों से क्या उम्मीद लगाएँ ,
जब खुद से खुद को उम्मीद नहीं ।।
:-अमन

35. मर्यादा

मर्यादा

जब प्रेम की मर्यादा प्रेम ही लांघे ,
तब प्रेम की मर्यादा क्या बांधू में ।
जब प्रेम मेरा प्रत्यक्ष है ,
अब इसकी क्या मर्यादा बतलाऊँ मैं ।।
:-अमन

36. प्रार्थना

प्रार्थना
हरि ऐसे हर लो हार हमारी ,
जीत रहे ना जीवन में ।
ऐसा निर्मल मनुज बना दो ,
मोक्ष रहे ना तर्पण में ।।
:-अमन

37. वक़्त

वक़्त

हम तो बदल रहे थे वक़्त के साथ ,
हम वक़्त बदलना सीख गए ।
जो खोज रहे थे उजालों को ,
तो अंधेरों में रहना सीख गए ।
आईने में खुद को देख देखकर ,
खुद पर हँसना सीख गए ।।
हम तो बदल रहे थे वक़्त के साथ ,
हम वक़्त बदलना सीख गए ।
इतने दर्द दिए दुनिया ने ,
हम दर्द छुपाना सीख गए ।
हम खुदसे ही हार हार कर ,
खुद को बदलना सीख गए ।।
हम तो बदल रहे थे वक़्त के साथ ,
हम वक़्त बदलना सीख गए ।
जमाने के अपशब्द सुन सुनकर ,
हम शब्द सजाना सीख गए ।
अपनों से ठोकर खा - खाकर ,
हम गैरों को अपनाना सीख गए ।।
हम तो बदल रहे थे वक़्त के साथ ,
हम वक़्त बदलना सीख गए ।
:-अमन

38. घात

घात
जिसके प्रति परिसुद्ध थे हम ,
उसने ऐसा घात किया ।
मौन हो उस क्षण तब ,
स्वयं ही पश्चयताप किया ।।
:- अमन

39. ढलती यादें

ढलती यादें
आज डर लगता है
इस सवेरे से ,
उम्र के इस ढलते
अंधेरे से ।
सुबह उठते ही लगता है
जिंदगी न जाने कहाँ खो गयी ,
फिर एक शाम को
जिंदगी फिर सो गई ।।
जीया है मैंने
सिर्फ बचपन को ,
समझा है मैंने
इस योवन को ।
देखते देखते वो जवानी
चली गयी ,
सोचते - सोचते वो ,
यारों की कहानी चली गयी ।।
याद आयी है
बचपन की वो ' गर्लफ्रैंड' ,
याद आये हैं
यारों के वो 'फ्रेंडशिप बैंड' ।
हमारी हरक़तों से वो

परेशान हुए थे ' टीचर ',
इन यारों की यारी ने
हमको भी बना दिया था 'चीटर' ।।
आज जिंदगी में हम खो गए हैं ,
याद करके बचपन को यूँ ही ,
छतों पर बैठे रो रहे हैं ।
काश ! कल फिरसे
हो वो सवेरा ,
सुबह तो हो ,
पर हो थोड़ा अंधेरा ।
उन नींद भारी आँखों में हो
सपनों का बसेरा ,
और वो स्कूल के लिए
तैयार करता माँ का चेहरा ।।
काश ! फिरसे हो
वो शोर शराबा ।
जब क्लास मैं आकर
सर ने मारा ।।
आज फिर एक और
सूरज ढल रहा है ,
यादों का दीपक
जल रहा है ।
बचपन याद करते करते
मैं फिर से रो गया ,
आज 'अमन' फिर से
यादें समेटकर सो गया ।।
:- अमन

www.ingramcontent.com/pod-product-compliance
Lightning Source LLC
LaVergne TN
LVHW010437070526
838199LV00066B/6052
* 9 7 9 8 8 8 6 6 7 2 0 0 8 *